HALLO HAMBURG

27 TIPPS FÜR CAFÉS, KULTUR UND MEHR

ANKER | WECHSEL

WILLKOMMEN IN **HAMBURG!**

Hallo Hamburg. Alle sagen: Du bist das Tor zur Welt. Für mich aber bist vor allem du selbst schon der Schlüssel zum Glück. Bei dir kann man vom Elbufer aus die Hafenkräne zählen, neben Backsteinbauten Schiffe gucken und an der Alster Segelboote bestaunen. Selbst bei derbem Regen, rauem Wind und grauem Himmel bist du eine strahlende Schönheit. Alte Lagerhäuser zieren deine Speicherstadt – direkt neben den schwungvollen Fenstern der Elbphilharmonie. Und nicht nur da kommen sich Kreativität und Tradition bei dir nah. Hamburg, von allen Städten der Welt, hast du in meinem Herzen den größten Platz. Danke, dass es dich gibt.

Wer in die Hafenmetropole eintauchen möchte und dabei gerne auch mal die Touristenpfade außer Sichtweite lässt, der hält mit diesem Buch den perfekten Begleiter in der Hand. Eine wundervolle Zeit in Hamburg!

ÜBER DIE AUTORIN

Harriet Dohmeyer ist begeistert von Menschen mit Leidenschaften, hat ein Herz für Spezialitätenkaffee und arbeitet als freie Fotografin und Autorin. Sie hat an einer Hamburger Hochschule Journalismus gelernt und bereits für diverse Verlage gearbeitet. Ihr digitales Zuhause ist der Blog „Fräulein Anker". Hier berichtet sie über tolle Orte in ihrer Heimatstadt Hamburg und von ihren Reisen. Dank der Hallo-Buchreihe füllt Harriet neben der Website nun auch Buchseiten mit ihrem besonderen Blick auf Städte.

HALL OHAM BURG

INHALT

ALTSTADT

NEUSTADT

ST. PAULI

STERN-SCHANZE

HOHELUFT

WINTERHUDE

LEGENDE
Für den jeweiligen Fokus auf den folgenden Seiten

 Spezialitätenkaffee   Shoppen

 Essen   Bar

 Kultur   Lieblingsort

Eis

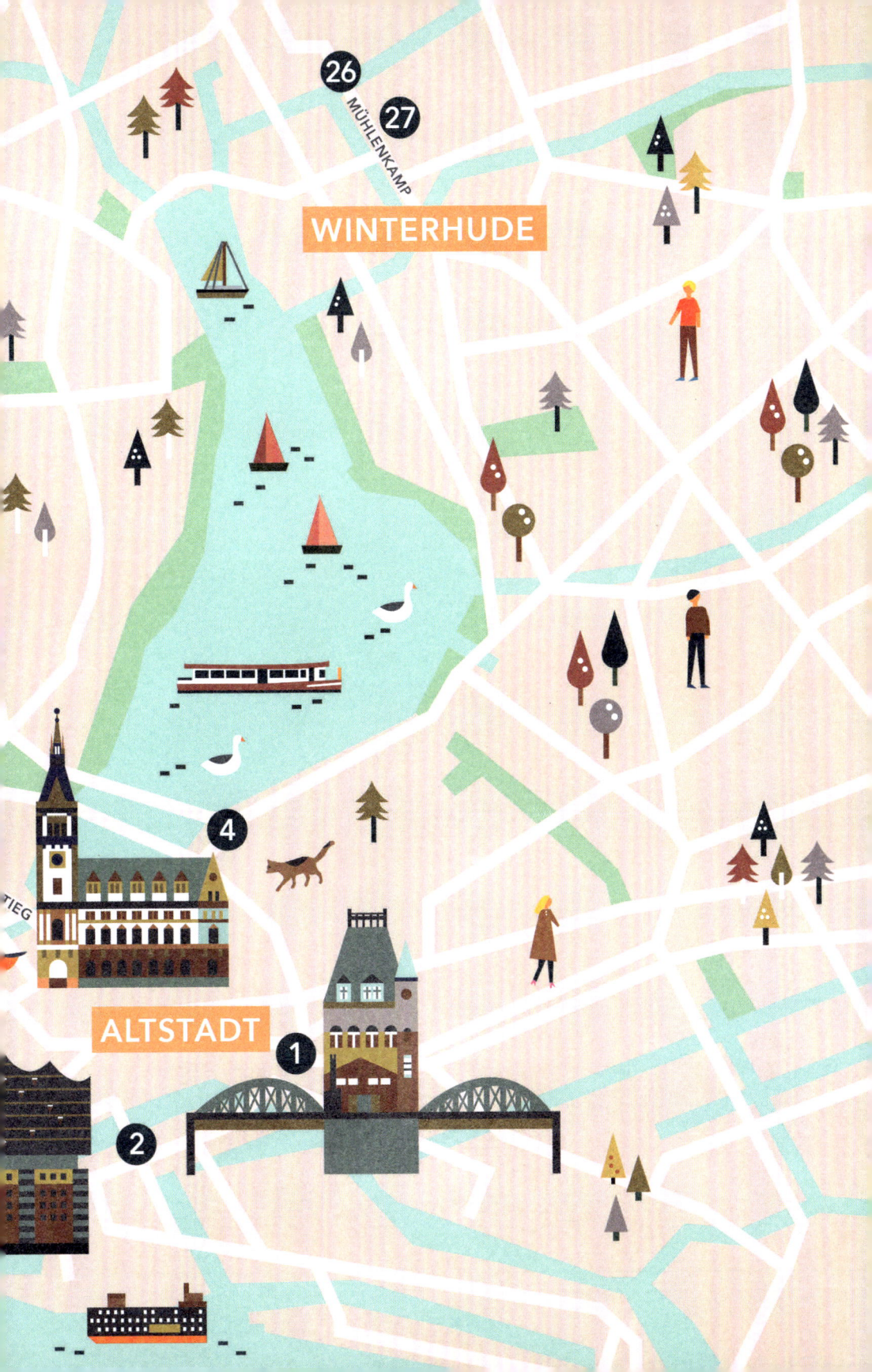

WINTERHUDE

MÜHLENKAMP

26
27

ALTSTADT

1
2
4

TIEG

ALTSTADT

BESTAUNEN

![Deichtorhallen Hamburg waterfront view with the Haus der Photographie building and harbor](image)

DEICHTORHALLEN
HAMBURG MODERNE

Anfang des letzten Jahrhunderts wurden mit den Deichtorhallen nahe des Hauptbahnhofs zwei imposante Markthallen erbaut. Heute gelten die Gebäude aus Backstein, Glas und Stahl als eine der größten Anlaufstellen für zeitgenössische Kunst in Europa. In einer der Industriehallen, in denen früher der Blumengroßmarkt untergebracht war, wird aktuelle Kunst in Form von Gemälden, Skulpturen und Designobjekten gezeigt. In der anderen Halle steht moderne Fotografie im Mittelpunkt.

Deichtorhallen
Hamburg
Deichtorstraße 1
20095 Hamburg

SPEICHERSTADT AM WASSER GEBAUT

Brücken, Kopfsteinpflaster und historische Lagerhäuser prägen das Bild der Speicherstadt. Die Speicher stehen hier aber noch gar nicht so lange: Erst ab 1883 wurde das Gebiet durch Änderungen im Zollsystem vom Wohn-viertel zum zollfreien Zwischenlager. Seitdem werden in den Klinkerbauten Güter wie Kaffee, Gewürze und Teppiche gelagert. Neben den Speichern sticht in der Gegend, die zum Weltnaturerbe zählt, das Wasserschloss (S.12) hervor. Das Gebäude wird mit Einbruch der Dunkelheit sogar beleuchtet.

Speicherstadt
20457 Hamburg

② ♡

NORD COAST GENUSSORT ZWISCHEN FLEET UND SCHÖNER DEICHSTRASSE

Hamburg ist eine Kaffeestadt. Der Rohkaffee wird im Hafen aus Kontinenten wie Südamerika und Afrika angeliefert, eingelagert und weiter verschifft. Einige der Kaffeejutesäcke bleiben aber auch in der Stadt – und landen in Röstereien wie der Nord Coast Coffee Roastery. Sie wurde 2015 von dem Pärchen Paula Mendes und Jörn Gorzolla in der historischen Deichstraße eröffnet. Dank ihrer althamburgischen Bürgerhäuser und Fleetzugänge besitzt diese Straße selbst schon einen ganz besonderen Charme. Die Rösterei mit angeschlossenem Café macht den Besuch gleich doppelt lohnenswert. Das Nord Coast verteilt sich auf zwei Etagen.

③ 🍴 ☕

BANANEN-PANCAKES UND FILTERKAFFEE

Geröstet wird im Erdgeschoss des Nord Coast, direkt neben dem Eingang. Die Zubereitung des Kaffees erfolgt an einer langen Theke in der Raummitte. Im oberen Stockwerk wartet ein Sitzbereich mit Sofa, Ledersesseln und Tischen. Die große Fensterfront lockt zudem mit Fleetblick. In diesem Café wird das Essen mit viel Liebe zum Detail angerichtet – zum Beispiel das Brot mit grünem Pesto, Avocado, Babyspinat und pochiertem Bio-Ei. Oder aber die Lieblingsspeise des Gründerpärchens: Bananen-Pancakes. Die schmecken besonders gut zum hauseigenen Filterkaffee Oscar Alonso aus Honduras. Seine feinen Geschmacksnuancen von Erdbeere und Milchschokolade untermalen die Pancakes perfekt. Für einen Besuch am Wochenende sollte man lieber reservieren.

Nord Coast Coffee Roastery
Deichstraße 9
20459 Hamburg

HAMBURGER KUNSTHALLE EIN

Edle Säulen und Skulpturen begegnen einem beim Besuch der Hamburger Kunsthalle bereits am großzügigen Eingang. Nach einer umfangreichen Modernisierung erstrahlt das Kunstmuseum seit 2016 im frischen Glanz. In dem ältesten Gebäude, dem Gründungsbau, wird Kunst bis 1960 ausgestellt. Caspar David Friedrichs „Wanderer über dem Nebelmeer" hängt an einer der Wände und auch von Paul Klee sind Gemälde zu sehen. Auf den mehr als 13.000 Quadratmetern der Kunsthalle gibt es insgesamt so viel zu entdecken, dass man hier Stunden verbringen kann. Über 700 Werke aus acht Jahrhunderten Kunstgeschichte gehören zum Museum.

ORT   VOLL SCHÖNER   PERSPEKTIVEN

MIT DEN AUGEN VOM

MITTELALTER ÜBER DIE RENAISSANCE

Vom alten Gründungsbau führt ein unterirdischer Übergang zur jungen Galerie der Gegenwart. Über die Köpfe der Gäste hinweg fließen hier deutsche und englische Sätze auf einem 47 Meter langen LED-Band – eine Installation der amerikanischen Künstlerin Jenny Holzer. In dem neuesten der drei Kunsthallengebäude wird vorrangig moderne Kunst, wie die von dem Maler Gerhard Richter, gezeigt.

BIS   IN DIE   MODERNE

Hamburger Kunsthalle
Glockengießerwall 5
20095 Hamburg

NEUSTADT
ENTDECKEN

WINKEL VAN SINKEL SATTES GRÜN UND NIEDERLÄNDISCHES DESIGN

Ein Besuch bei Winkel Van Sinkel in der Wexstraße ist für Design- und Pflanzenliebhaber Pflicht. Schnell entdeckt man dort Illustrationen aus Amsterdam, Pflanzen, die Namen wie Monstera deliciosa tragen und ungewöhnliche Glasgefäße, die als Minibiotope dienen. Besitzerin von Winkel Van Sinkel ist die Halbholländerin Zelda Czok. In ihrer alten Heimat kauft sie gerne hochwertige Designprodukte für ihre Kunden ein. Ihren Laden hat Zelda nach dem ersten Kaufhaus in den Niederlanden benannt.

(5)

KERAMIK, KERZEN UND KAKTEEN

Neben schönen Kerzen, Gin und Notizbüchern (einige kann man sogar individuell prägen lassen) stehen und hängen bei Winkel Van Sinkel über 600 Pflanzenarten. Darunter so außergewöhnliche Arten wie die Tillandsien, die auch Airplants genannt werden. Diese Pflanzengattung braucht weder einen Topf, noch muss sie gegossen werden. Wasser und Nährstoffe zieht sie einfach aus der Luft. Die Ladenfläche teilt sich Zelda mit einer Goldschmiedin. Gegenüber kann man zudem Kaffee in einem kleinen Café der Rösterei Public Coffee Roasters (S.114) trinken.

Winkel van Sinkel
Wexstraße 28
20355 Hamburg

HEJ PAPA FRISCHE REGIONALE KÜCHE

Das Hej Papa ist ein heller Raum mit freigelegten alten Fliesen, langen Holztischen und offener Küche. Das Café wurde von Lisa Schmieder und ihrem Vater Heiner Cramer 2011 gegründet. Heutzutage führt vor allem Lisas jüngere Halbschwester Sophia gemeinsam mit Heiner die Küche und sorgt für eine wundervolle Mischung aus gutbürgerlichen Speisen und frischen vegetarischen Gerichten. In den Töpfen landen dabei häufig Zutaten, die gerade Saison haben und regional bezogen werden können. Auf dem wechselnden Mittagsmenü stehen zum Beispiel gebackener Kürbis mit Pasta, Walnüssen und Salbeibutter, Gemüsetarte mit Salat oder Spätzle und Gulasch. Auch Frühstück gibt es hier. Wer gerne nicht nur vorbei-, sondern auch rausschauen möchte, sollte es sich auf einer der großen Fensterbänke gemütlich machen.

Hej Papa
Poolstraße 32
20355 Hamburg

HEJ
PAPA
KITCHEN
AND
KOFFEE

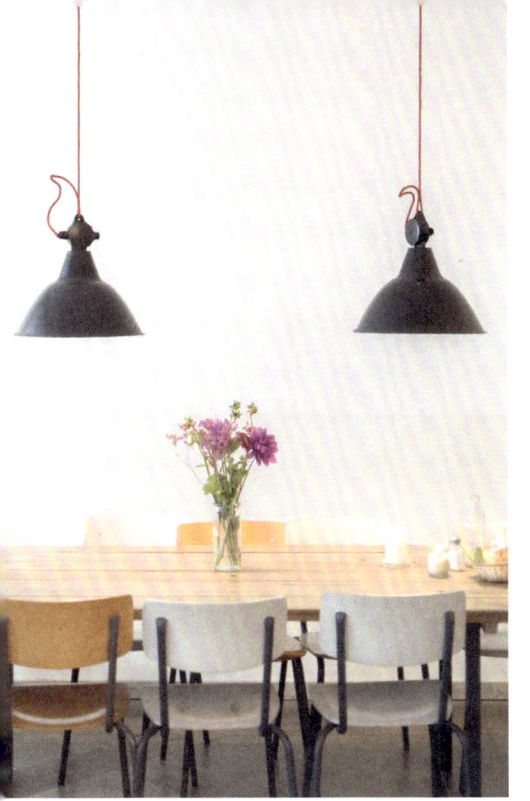

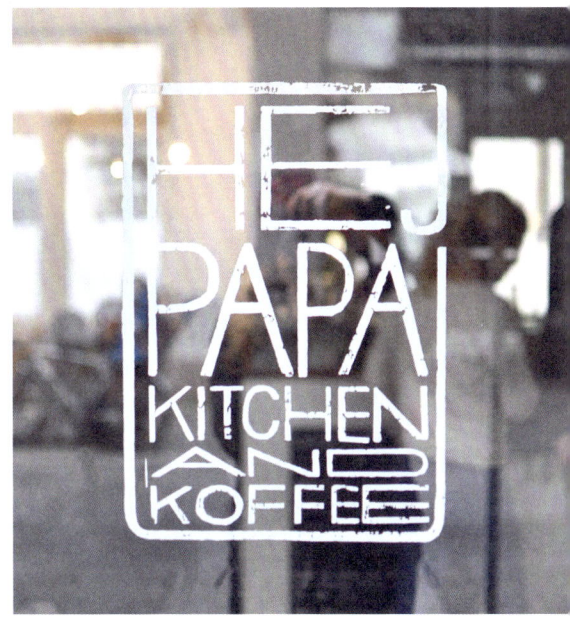

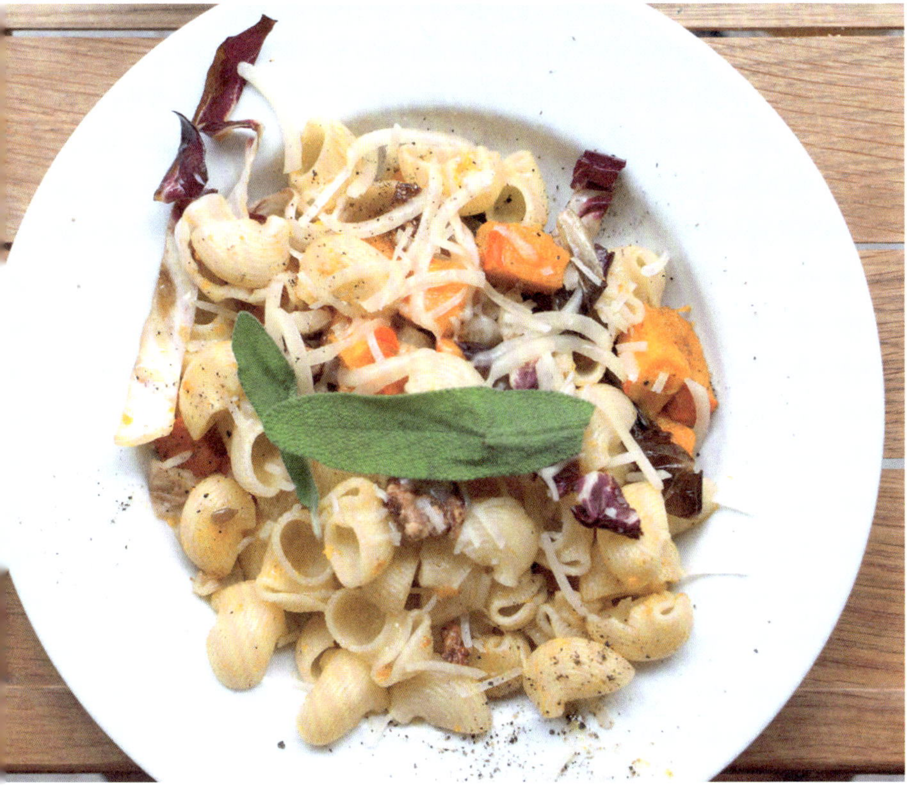

GUDBERG NERGER KUNST, MAGAZINE UND BÜCHER IN DER POOLSTRASSE

Magazin- und Designladen, Galerie für zeitgenössische Kunst, Verlag und Agentur – das Unternehmen Gudberg Nerger ist breit aufgestellt. Kein Wunder: Inhaber sind der Filmregisseur und Creative Director Jürgen Nerger sowie der Designer und Magazinmacher Jan Müller-Wiefel. In ihrem schicken Ladengeschäft können Independent-Magazine und Bücher aus aller Welt durchgeblättert und gekauft werden. Themen wie Design, Kunst, Fotografie und Reisen werden in den hellen Regalen des Raums fokussiert. Moderne Kunst gibt es auch in der Galerie nebenan. Das Schild vor dem Laden mit den aktuellen Informationen zu Ausstellungen und Angeboten kann dabei schon selbst oft als Kunstwerk bezeichnet werden.

Gudberg Nerger
Poolstraße 8
20355 Hamburg

⑦

GÄNGEVIERTEL FACHWERKHÄUSER, URBANE KUNST UND HINTERHÖFE

Nur wenige Gehminuten von den großen Einkaufsmeilen des Zentrums entfernt, befindet sich das Gängeviertel. Bunte Wimpelketten sind hier durch die Innenhöfe gespannt und an den Wänden kann man ohne Ende Streetart entdecken. Die ausgefallenen Werke kommen von lokalen und internationalen Künstlern. Unter ihnen auch Größen wie der Hamburger Rebelzer, der bereits das Millerntor-Stadion bemalte. Weil es im Gängeviertel früher keine richtigen Straßen, sondern nur enge Gassen gab, trägt es seinen Namen. Im 19. Jahrhundert verteilten sich solche Arbeiterviertel über mehrere Teile des Hafens, der Neu- und der Innenstadt.

KOMM IN DIE GÄNGE

Von den einst vielen Gängevierteln ist heute nur noch das Areal in der Neustadt übrig geblieben. Und auch das nur, weil gut 200 Aktivisten und Künstler das Quartier besetzten, als die Fachwerkhäuser hier weichen sollten. Denn 2009 wurden Teile des Viertels von der Stadt an einen Investor verkauft. Nach den Protesten der Initiative „Komm in die Gänge" wurden die Baupläne gestoppt.

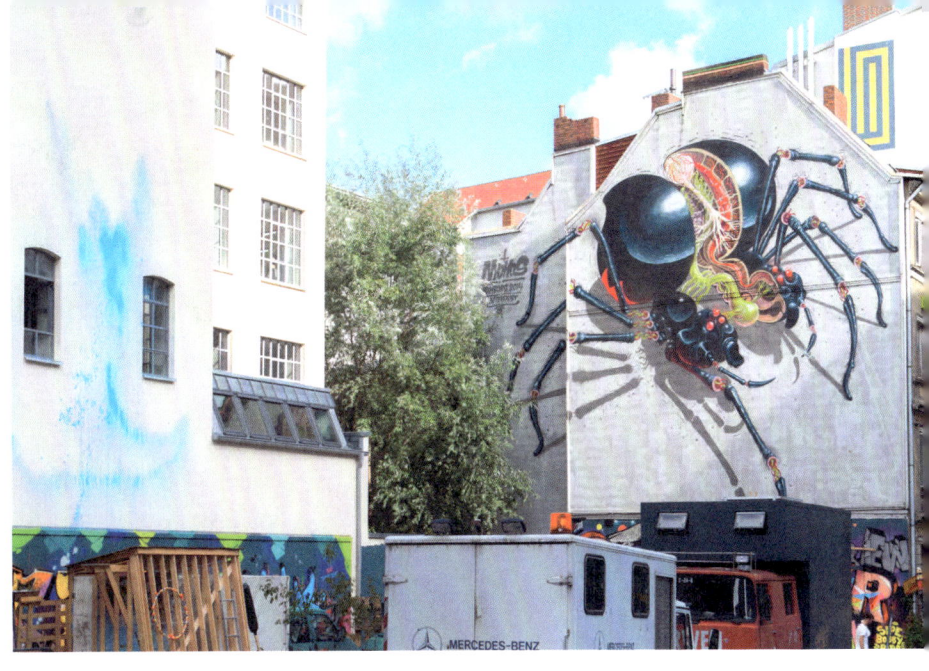

BUNTES LEBEN IN SELBSTVERWALTUNG

Die verkauften Gebäude des Gängeviertels wurden kurze Zeit später durch die Stadt wieder zurückgekauft. Die Initiative aber blieb. Die Besetzer gründeten eine eigene Genossenschaft und schlossen mit der Stadt einen Vertrag, der ihnen die Miete und die selbstverwaltete Nutzung sicherte. Die alten Gebäude werden seitdem saniert. Die Menschen, die das bunte Quarter gestalten, organisieren dort heute Konzerte, Ausstellungen, Theatervorführungen und Lesungen. Damit ist das Viertel nicht mehr nur historisch ein wichtiger Ort in Hamburg, sondern auch kulturell.

Gängeviertel
20355 Hamburg

CAFÉ JOHANNA IM EINSTIGEN KIOSK

Nahe der St. Michaelis Kirche (in Hamburg kurz Michel genannt) hat 2010 das Café Johanna eröffnet. In einem lichtdurchfluteten Raum mit ehemaligen Schultischen und Betonwänden wird seitdem Köstliches aufgetischt. Mit Ausblick ins Grüne kann man zum Beispiel Salat mit Pasta, gerösteten Bulgur und gratinierten Ziegenkäse oder hausgemachten Schokoladenkuchen mit Früchten essen. Namensgeberin ist Johanna Knuth, die Vormieterin des Ladens – sie führte hier einst einen Kiosk. Das Café Knuth gab es bereits in Ottensen und so entschied man sich für ihren Vornamen.

Café Johanna
Venusberg 26
20459 Hamburg

ST. PAULI

ERLEBEN

SCHAUGEWÄCHSHÄUSER: SATTES GRÜN IM HERZEN DER METROPOLE

Hamburgs grünes Herz schlägt mitten im Zentrum der Stadt, im 47 Hektar großen Park Planten un Blomen (Plattdeutsch für Pflanzen und Blumen). Besonders lohnenswert ist der Rundgang durch die Schaugewächshäuser. In dem verglasten Komplex wachsen Pflanzen aus den verschiedensten Klimazonen der Erde. Im Abschnitt der Wüstenpflanzen (auch Sukkulentenhaus genannt) ragen beispielsweise Kakteen bis unter die Glasdecke. Insgesamt gibt es fünf einzelne Bereiche, die man während des Rundgangs bestaunen kann. Das Tropenhaus mit seinen feuchtwarmen 25 Grad und den beeindruckenden Grüngewächsen ist der größte Abschnitt hier.

Schaugewächshäuser
Jungiusstraße
20355 Hamburg

SALT & SILVER – ZENTRALE AN DER HAFENSTRASSE KULINARISCH REISEN

Thomas Kosikowski und Johannes Riffelmacher schmissen 2014 ihre festen Jobs in der Kreativbranche, um zusammen die Welt zu erkunden. Im Gepäck hatten die Hobbyköche kulinarische Entdeckungslust und Kameraequipment – während ihrer Zeit in Lateinamerika entstanden unter dem Projektnamen Salt & Silver schließlich zwei Kochbücher. Zurück im Heimathafen Hamburg eröffneten Cozy und Jo, wie die zwei kurz genant werden, sogar ein eigenes Restaurant: Gemeinsam mit ihrem Team servieren sie in der Hafenstraße authentische Speisen aus Ländern wie Mexiko, Chile und Peru. Mit Blick auf die Elbe kann man auf der Terrasse des Ladens besonders gut von der Ferne träumen.

(11) 🍴

LINUS AUS DEM TÖRN-
QVIST (S. 74) HAT MIR
DAS SALT & SILVER ANS
HERZ GELEGT.

Salt & Silver - Zentrale
Hafenstraße 140
20359 Hamburg

ALTER ELBTUNNEL UFERWECHSEL

Um von St. Pauli aus zum Hafengebiet auf die andere Elbseite zu kommen, mussten Hafenarbeiter lange Zeit die Elbe per Schiff überqueren. Das war im Winter bei Sturm oder bitterer Kälte allerdings häufig kaum möglich. Aus diesem Grund entschied 1901 der Hamburger Senat, unterhalb der Elbe einen mehr als 400 Meter langen Tunnel bauen zu lassen. Der St. Pauli Elbtunnel (so der offizielle Name) wurde 1911 in Betrieb genommen und verbindet mit seinen zwei Röhren seitdem die Elbinsel Steinwerder mit den Landungsbrücken. Für die damalige Zeit war dieses Bauwerk eine Sensation: Europas erster Tunnel unter einem fließenden Gewässer.

Personenaufzug
Rauchen
verboten
H300

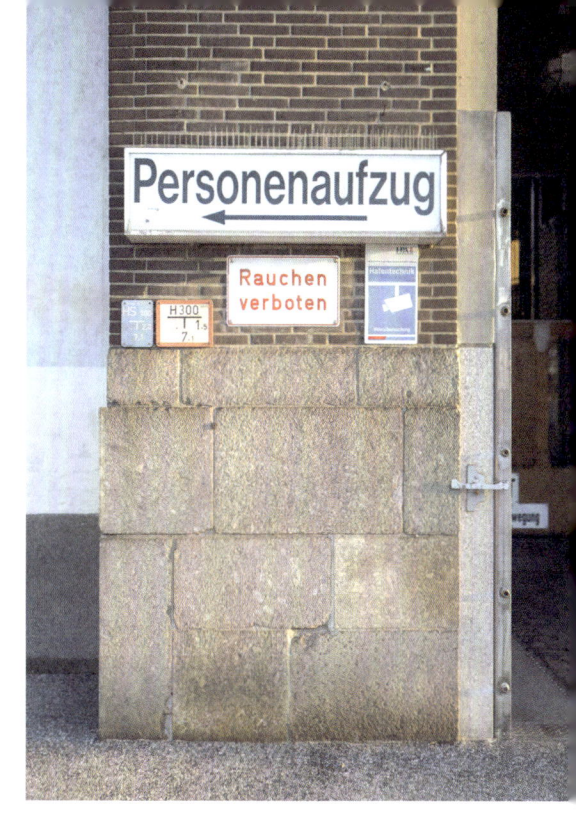

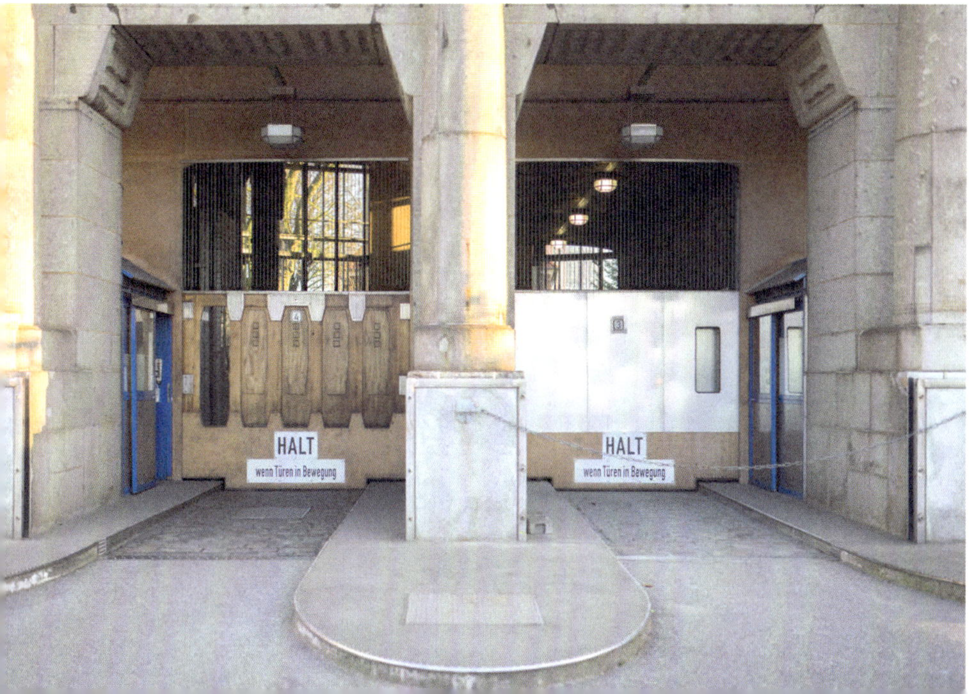
HALT
wenn Türen in Bewegung
HALT
wenn Türen in Bewegung

Alter Elbtunnel
Bei den St. Pauli-Landungsbrücken
20359 Hamburg

DIE STADT ERWACHEN SEHEN

Die unterirdische Überquerung der Elbe kann man auch heute noch zu Fuß, per Rad oder mit dem Auto nutzen. Ein Spaziergang durch die beiden Röhren mit je sechs Meter Durchmesser lohnt sich auch, weil auf der anderen Seite ein atemberaubender Ausblick auf das Stadtpanorama wartet. Mit etwas Glück kann man von dieser Uferseite aus morgens hinter der Elbphilharmonie die Sonne aufgehen sehen.

WEINLADEN ST. PAULI ANSCHAULICH

Im Weinladen auf St. Pauli fließt neben Wein vor allem das Wissen rund um Rebsorten, Anbaugebiete und Winzer. In der gemütlichen Mischung aus Bar und Laden geht es dabei lässig zu: Jeder, der sich für das Thema Wein interessiert, ist hier willkommen. Edle Tropfen kann man vor Ort nicht nur trinken, sondern auch zur Kasse tragen und dann für die eigene Weinsammlung einpacken. Die zur Auswahl stehenden Sorten werden regelmäßig durchgewechselt. Zum Spätburgunder oder Riesling lässt sich bei den jungen Sommelièren außerdem eine kräftige Brotzeit mit Käse, Antipasti und Fleisch bestellen. Darauf hebt man doch gerne das Glas.

Weinladen St. Pauli
Paul-Roosen-Straße 29
22767 Hamburg

STANDARD STUZZICHINI IN ALLER MUNDE

Rustikale Wände, die Bar aus echtem Marmor und ein alter Dielenboden: das Standard an der Ecke Große Freiheit und Paul-Roosen-Straße besticht bereits auf den ersten Blick. Besonders ist hier die Aperitivo-Kultur, die man unbedingt (aus)kosten sollte. Das ist nämlich die italienische Antwort auf den Appetit zwischen Feierabend und Abendessen. Täglich wechselnde Snacks, im italienischen Stuzzichini genannt, werden dabei zu jeder Getränkebestellung gereicht. Die Getränke sind dementsprechend zwar etwas teuer, das Essen vor dem Essen aber lohnt sich – herrlich kann man dazu mit Freunden zusammensitzen. Spezialisiert ist das Standard passenderweise auf Aperitifcocktails aus Italien.

Standard
Große Freiheit 90
22767 Hamburg

(14)

PLAYGROUND COFFEE
EIN KAFFEESPIELPLATZ

In der Detlev-Bremer-Straße 21 wird viel gespielt – mit Ideen zum Beispiel oder mit den Geschmacksprofilen der selbstgerösteten Kaffees. Statt Bagger und Schippe kommen dabei Handfilter oder Espressomaschine zum Einsatz. Der ehemalige Fotograf Veljko Tatalović ist Gründer dieses Spielplatzes. In die Kaffeewelt stieg Veljko als Barista und Röster bei Elbgold (S. 94) ein. 2014 schließlich machte er sich mit Playground selbstständig. Veljko und sein Team standen dafür am Anfang noch an einer kleinen Theke in der Ecke eines Burgerladens. Es folgte die Eröffnung eines Kaffeekiosks nahe des Hamburger Rathauses und 2017 das Café auf St. Pauli.

 (15)

SÜSSER ESPRESSO UND FRUCHTIGER FILTERKAFFEE IN EINEM BUNTEN RAUM

Gelbe Fliesen und rosa Farbe zieren bei Playground die Wände. Pflanzen hängen von der Decke und an der Theke kann man neben Kaffee auch Kuchen bestellen. In der verspielten Welt von Veljko und seinen Mitarbeitern steht aber nach wie vor der Kaffeegenuss im Fokus. Die selbstgerösteten Kaffees tragen dabei kreative Namen wie Skywalker, Dirty Berry oder King Kongo und kommen in Pappkartons mit ausgefallenen Designs daher. Bei Playground Love zum Beispiel handelt es sich um süßlichen Espresso, produziert mit Kaffeebohnen aus Zimbabwe und Guatemala. Er besitzt Geschmacksnuancen von Kirsche und Nougat. Fruchtiger dagegen ist der Filterkaffee Rocko Mountain mit Noten von Erdbeere und Orange.

Playground Coffee
Detlev-Bremer-Straße 21
20359 Hamburg

HACO FEINE NORDISCHE KÜCHE

Gemüse aus dem alten Land und Wild von einem Jäger aus der Lüneburger Heide: Im schicken Restaurant Haco wird eine enge Bindung zu regionalen Produzenten gepflegt. Eröffnet wurde das Haco, kurz für Hamburg Corner, in einer ehemaligen Eckkneipe. Gründer Björn Juhnke kommt ursprünglich von der Ostsee und hat zuletzt vier Jahre als Küchendirektor in einem Fünf-Sterne-Hotel in Bratislava gearbeitet. Die monatlich wechselnden Speisen seiner Vier- bis Sechs-Gänge-Menüs sind von der nordeuropäischen Küche inspiriert. Statt extravaganter Bezeichnungen stehen schlicht die einzelnen Zutaten auf der Karte. Auch ein Mittagstisch mit Gerichten aus Ländern wie Island bietet das Haco.

Haco
Clemens-Schultz-Straße 18
20359 Hamburg

(16)

HAPPENPAPPEN VEGAN AUFGETISCHT

Das Happenpappen an der Feldstraße hat wenig mit dem zu tun, was man mit missionarisch wirkendem Veganismus verbindet. Denn die 28-jährige Besitzerin Catharina Bernhardt lebt eine andere Philosophie: Nicht bekehren, sondern einfach Gerichte kochen, die allen schmecken. Dafür steht sie selbst häufig in der Küche und zaubert leckere Currys, deftige Burger, frische Salate und mehr. Cathy, wie die Inhaberin kurz genannt wird, kochte vor einigen Jahren noch selbst als Angestellte für das Happenpappen. Damals war der Laden unter anderer Führung und diente mit Sitz in Eimsbüttel auch als Kochschule. Ab 2016 konzentrierte der ursprüngliche Besitzer sich auf seine Kochkurse und Cathy übernahm das Happenpappen.

 ⑰

ERFOLGSREZEPTE MIT LIEBE SERVIERT

2017 zog das Happenpappen vom Stadtteil Eimsbüttel nach St. Pauli. Hier tischt Cathy heutzutage gemeinsam mit ihrem Team aus 22 leidenschaftlichen Veganern täglich einen wechselnden Mittagstisch auf. Abends gibt es auf der Karte ausgefallene Burger, wie den Karate Kid mit Reis-Kichererbsen-Kokos-Pattie, Wasabi-Mayo, Möhre, Rettich und Tomate. Für den Nachtisch oder einfach zwischendurch warten in einer Glasvitrine Kuchen und Torten. Am Wochenende kann man zudem den ganzen Tag lang frühstücken. Generell sind die Portionen hier ziemlich üppig. Schnell voll werden gerade abends aber nicht nur die Bäuche, sondern auch die Tische.

DAS HAPPENPAPPEN
HAT MIR VANESSA AUS
DER B-LAGE (S.88)
EMPFOHLEN.

Happenpappen
Feldstraße 36
20357 Hamburg

TÖRNQVIST EXZELLENTER KAFFEE IM MITTELPUNKT

Im minimalistischen Törnqvist steht das Thema Kaffee im Mittelpunkt. Das Café mit der massiven Theke aus schwedischem Naturstein und der großen Fensterfront wurde von Linus Koester gegründet. Nachdem der Halbfinne drei Jahre aus der Heckklappe seines VW-Busses auf Märkten und Festivals Kaffee verkaufte, eröffnete er 2017 ein dauerhaftes Mekka für Menschen, die exzellente Kaffeebohnen schätzen. Und auch alles andere ist hier mit Bedacht gewählt: Die Tassen aus Ton werden beispielsweise in einer jungen Töpferei auf St. Pauli handgemacht.

(18)

SCHWARZ & WEISS

Häufig erklärt Linus seinen Gästen, dass Kaffee im Ursprung eine Frucht ist: die Kaffeekirsche. Das Getränk hat seinen Geschmack ihren ätherischen Ölen zu verdanken. Diese Öle werden in den Samen der Kirsche (der Kaffeebohne) gespeichert und landen nach komplexen Prozessen schließlich in unserer Tasse. Dunkel ist Kaffee laut Linus dann, wenn er geradezu verbrannt wird. Er selbst ist deshalb ein Befürworter von schonend gerösteten Kaffees und nutzt für das Törnqvist vor allem helle Röstungen aus Skandinavien.

PRÄZISION UND LEIDENSCHAFT

Linus hat das Café am Übergang der Stadtteile St. Pauli und Schanze nach dem Mädchennamen seiner Großmutter benannt – Marianne Törnqvist. Bevor man hier einen Filterkaffee bekommt, kann man bestaunen, wie die Bohnen dafür in schicken Mühlen gemahlen werden. Im Anschluss landen sie auf einer schwarzen, in der Theke eingelassenen Waage und werden auf das Gramm genau abgewogen. Im nächsten Schritt gießt der Barista das Kaffeemehl bei exakter Zeitvorgabe und präziser Wassertemperatur in einem Handfilter auf. Die Kaffeesorten im Törnqvist werden alle zwei Wochen durchgewechselt, um sich an den Ernteperioden der Farmer zu orientieren und so immer frischen Kaffee anbieten zu können. Da Getränke wie Filterkaffee und Cappuccino in ihrem Nuancenreichtum, ihrer Süße und Komplexität auch vom Wasser beeinflusst werden, hat Linus in seinem Laden zudem eine eigene Wasserfilteranlage eingebaut. Je nach genutzter Kaffeesorte passt er den Anteil von Mineralien wie Natrium im Wasser an. Natürlich gibt es in dem Café auch ein paar Stärkungen – zum Beispiel Brote mit Honig oder Käse und selbstgeschlagener Butter, die mit einem Hauch schwarzer Chiliasche verfeinert wird. Süßes in Form von Bananenbrot und Apfelkuchen wird hier ebenfalls serviert.

Törnqvist
Neuer Pferdemarkt 12
20359 Hamburg

STERN-
SCHANZE

ERKUNDEN

HERMETIC COFFEE ROASTERS FLAIR, KAFFEE UND NEW YORK CHEESECAKE

Unscheinbar von außen, besonders von innen: Hinter einer roten Back-
steinwand wartet in der Sternstraße 68 der perfekte Ort für eine aus-
gedehnte Kaffeepause mit New York Cheesecake. Ursprünglich 2012 als
Kunstprojekt unter dem Namen Less Political eröffnet, gilt dieses Café
von dem Künstler Mika Neu seit 2013 als Laden mit besonderem Flair.
Heutzutage gehört außerdem eine Rösterei namens Hermetic Coffee
Roasters dazu. Sie wurde 2016 von Mika gegründet. Mit der Einführung
der hauseigenen Kaffees ging die Umbenennung zu Hermetic einher.

Filter Coffee
Hermetic Coffee 3,90
Guest Coffee 3,90

Cold Filter Coffee Shot / Bowle
Cold Brew Coffee 1,80 / 3,60
Cold Drip Coffee 1,80 / 3,60
Nitro Cold Brew 4,20
Iced Pour Over 4,20

2,60
2,60
3,30
3,40
2,70

2,70
2,70
3,30
2,80
2,90

Iced version available... drinks!

Hot Drinks normal/doppelt
Heiße Schokolade 2,90 / 3,20
Chai-kaffee 2,70 / 3,20
Heißer frischer Ingwer 2,90 / 3,40
Chai Latte 2,90 / 3,20
Matcha Latte 4,00
Milchtee Tee 3,80
Chascara Tee 3,70

...e Tees 2,70 / 2,90
...er, Grüner, Jasmin, Apfel,
Minze, Nana-Minze,

Signature Drinks
Mandelkaffee 3,80
Ingwerkaffee 3,80
Aniskaffee 3,80
Holunderkaffee 3,80
Kokoskaffee 3,80
Cappuccino Brûlée 4,50

Cold Signature Drinks
White Cloud Cold Brew 4,80
Cold drip Affogato 4,90
Cascara Fizz 4,80
Cascara Iced 4,00
Espresso Tonic 3,90
Espresso on the rocks 2,...

Soft D...
Hausgemachte...
Mineralwasser
Apfelschorle
Rhabarberschorle
Fritz Kola
Tonic Water
Traubensaftschorle

Alle Milchgetr...
Landmilch vom...
oder mit Soja...
Alle Preise...

Bei Fragen...

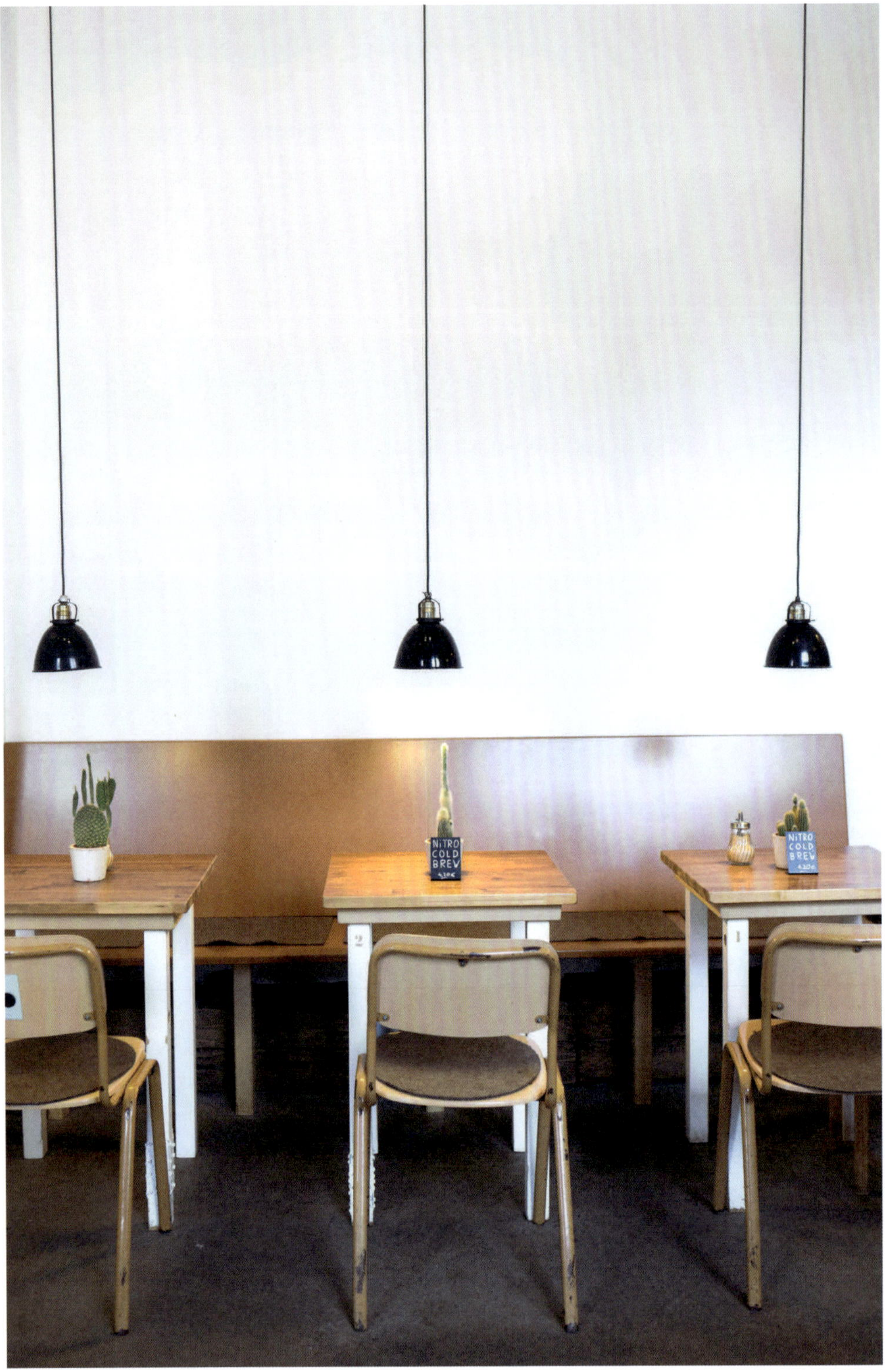
NiTRO COLD BREW
NiTRO COLD BREW

SCHWARZE LAMPEN UND VIEL HOLZ

Als „moderne Form des Lagerfeuers" beschrieb Mika einst Cafés wie seines. In dem Laden mit der hohen Decke und den Lampen, die tief über den selbstgebauten Tischen hängen, wird das Leben besprochen, über die Liebe geredet und über die kleinen und großen Entwicklungen diskutiert. Im Sommer bieten auch Stühle auf dem Platz vor der unscheinbaren Hauswand Gelegenheit dafür. Besonders gute Gespräche lassen sich über den selbstgemachten New York Cheesecake führen. Er wird mit frischem Erdbeerpüree angerichtet. Theke und Tische im Caféinnern sind übrigens selbstgebaut. Und auch das Holzregal mit alten Obstkisten stammt aus Eigenproduktion. In diesem werden diverse Kaffeeutensilien angeboten.

STRAHLEND SCHÖNE KAFFEEHÜLLEN

Dem Kaffeegenuss wird bei Hermetic große Beachtung geschenkt. Gründer Mika hat erkannt, dass Kaffee mit mehr als 800 möglichen Aromen eine riesige Sensorikvielfalt bietet – sogar eine größere als die von Wein. Ein Kreis aus verschieden gefärbten Strahlen gibt auf den Verpackungen der hauseigenen, schonend gerösteten Kaffees deshalb zu erkennen, ob der Kaffee eher süß oder fruchtig schmeckt. Darunter stehen Informationen zu Aromen, zur Herkunft und Qualität. Auch ein veganer Kakao in ähnlich durchdachter Verpackung kommt hier aus eigener Herstellung.

Hermetic Coffee Roasters
Sternstraße 68
20357 Hamburg

B-LAGE HERZ FÜR DESIGNTALENTE

In einer ruhigen Seitenstraße existiert dank der B-Lage eine Anlaufstelle für Produkte von jungen Begabten – von Illustratoren über Modedesignern bis hin zu Kosmetik-Start-ups. Eröffnet wurde der Laden 2015 durch Vanessa Janneck. Die studierte Kommunikationswissenschaftlerin hat sich über die Jahre, nicht zuletzt durch die Gründung ihres eigenen Labels, ein großes Netzwerk an kreativen Machern aufgebaut. Mit der B-Lage erfüllte sie sich den Traum von einer Plattform für unbekanntere Talente und deren Produkte. Dass ihre Ladenfläche dabei nicht in einer A-Lage liegt, hat die Gründerin kurzerhand zum Namen gemacht.

20

SHIRTS UND MEHR

In der B-Lage gibt es wechselnde lokale und internationale Labels zu kaufen. Insbesondere Schmuck und Shirts haben es der Besitzerin angetan, aber auch Kunstdrucke, Keramik und Taschen stehen hier in den Regalen. Außerdem haben Gründer die Möglichkeit, einen Teil der Fläche zu mieten, um sich mit eigenen Ideen in dem Laden auszuprobieren. In der Vergangenheit waren so schon nachhaltige Modelabels, eine Tattoo-Künstlerin und eine Bibliothek für Klamotten Teil der B-Lage.

MIT DEM EIGENEN LABEL BEGANN ALLES

Die B-Lage-Gründerin hat auf Lanzarote und in Barcelona gelebt, bevor sie in Hamburg Fuß fasste. Inspiriert vom Fern- und Heimweh kreiert Vanessa unter dem Label Vanewonderland bereits seit 2011 eigene Produkte. Motive wie Kakteen, Palmen oder Franzbrötchen zieren beispielsweise ihre Shirts. Pullover, Caps, Mützen und Ankerarmbänder des Labels hängen ebenfalls in der B-Lage.

B-Lage
Kampstraße 11
20357 Hamburg

ELBGOLD HAMBURGS WOHL BEKANN-TESTE SPEZIALITÄTENKAFFEERÖSTEREI

Vier Tage die Woche verbreitet sich der Duft von frisch geröstetem Kaffee über die umliegenden Straßen bis zur S-Bahn-Station Sternschanze. Schon von Weitem kann man dann riechen, dass im Elbgold mal wieder Röstkaffee entsteht. Gegründet wurde Elbgold 2004 von dem Paar Annika Taschinski und Thomas Kliefoth. Von Beginn an rösteten die beiden selber, den Anfang machte aber ein kleiner Laden im Stadtteil Winterhude. Weil das Röstereikonzept mit seinen engen Verbindungen zu Kaffeebauern bei den Hamburgern so viel Anklang fand, eröffneten sie 2010 den heutigen Hauptsitz der Rösterei – auf dem ehemaligen Schlachthofgelände Schanzenhöfe.

FRANZBRÖTCHEN, BAGELS UND KAFFEE

Der große, offene Raum von Elbgold dient zum einen als Rösterei, zum anderen aber auch als Café mit vielen Sitzmöglichkeiten. Auf der Karte findet sich eine große Auswahl an Backwaren wie Croissants, Kuchen und Franzbrötchen. Gebacken wird in der hauseigenen Backstube. Beliebt sind vor allem die Bagels, die zum Beispiel mit Pesto, Tomaten und Mozzarella belegt werden. Eine weitere Verführung auf der Karte sind die hauseigenen Cocktails, die Kaffee und Spirituosen verbinden. Im Café-bereich kann man sich zu der großen Auswahl an Kaffeeröstungen auch kompetent beraten lassen und Bohnen für die eigene Küche kaufen. Am Wochenende wird es bei Elbgold übrigens durchaus voll. Für wärmere Tage bietet aber eine Terrasse vor der Tür zusätzlichen Platz.

Elbgold
Lagerstraße 34c
20357 Hamburg

OTTO'S BURGER DREI FREUNDE UND EINE GESCHICHTE DES HAMBURGERS

Mintfarbene Fliesen, gemütliche Lichter und industrielles Design: Otto's Burger bietet leckere Burgerkreation in schöner Umgebung. Genutzt wird dabei nachhaltig produziertes Rindfleisch aus der Lüneburger Heide. Für Fleischesser steht ein vielfältiges Angebot zur Auswahl – vom einfachen Cheeseburger bis hin zum Trüffel Burger mit Portobello Pilz. Auch vegetarische Varianten und Salate sind auf der Speisekarte zu finden. Außerdem ist Otto's bekannt für seine Süßkartoffelpommes und die hausgemachte Trüffel-Mayo. Benannt ist der Laden nach dem Hamburger Koch Otto Kuase. Für einige gilt er seit 1891 als Erfinder des Hamburgers. So auch für die zwei jungen Gründer von Otto's – Daniel MacGowan und seinen Cousin Lucas Chatelain. Gemeinsam mit Daniels langjährigem Freund Brook Neale führen sie heutzutage noch drei weitere, individuell eingerichtete Läden in den Stadtteilen St. Georg, Rotherbaum und Ottensen.

Otto's Burger
Schanzenstraße 58
20357 Hamburg

HOHELUFT
BESUCHEN

BALZ UND BALZ LEIDENSCHAFTLICHE GASTGEBER MIT VIEL LIEBE ZUM DETAIL

Als die Besitzer eines Antiquitätengeschäfts am Isebekkanal beschlossen, sich zu verkleinern und ihren zweiten Ladenteil zu vermieten, standen die Geschwister Katrin und Chris Balz schnell vor der Tür. Die beiden fanden mit dem Raum im Souterrain den perfekten Platz, um ihren Traum vom eigenen Café zu verwirklichen. Eine große Renovierung später eröffneten sie schließlich 2015 das Balz & Balz. Das Café mit der guten Küche hat sich binnen kürzester Zeit einen Ruf gemacht – weit über die Stadtteilgrenzen hinaus. Und obwohl der Laden so gut läuft, dass viele schon längst einen zweiten aufgemacht hätten, genießen die beiden Geschwister aus Hessen lieber immer noch jeden Tag die schöne Atmosphäre in dem einen Laden.

GUTER GESCHMACK

Mehrere schlichte, kleine Tische und eine lange Holztafel treffen im Balz und Balz auf alte Bodenfliesen in Blau-Weiß. Außerdem hängt hier an der Wand ein großes Bild, das eine voll tätowierte Frau zeigt. Der Platz gegenüber, hinter der edlen Espressomaschine, ist das Arbeitsfeld von Chris. Dort zaubert der gelernte Barista traumhafte Cappuccino mit zartem Milchschaum und Latte-Art-Verzierungen. Den Kaffee dafür bezieht er von der Münchener Kaffeerösterei JB Kaffee. Chris' ältere Schwester Kathrin beweist in der Küche gemeinsam mit ihrem Team ein besonders gutes Händchen für köstliches Essen.

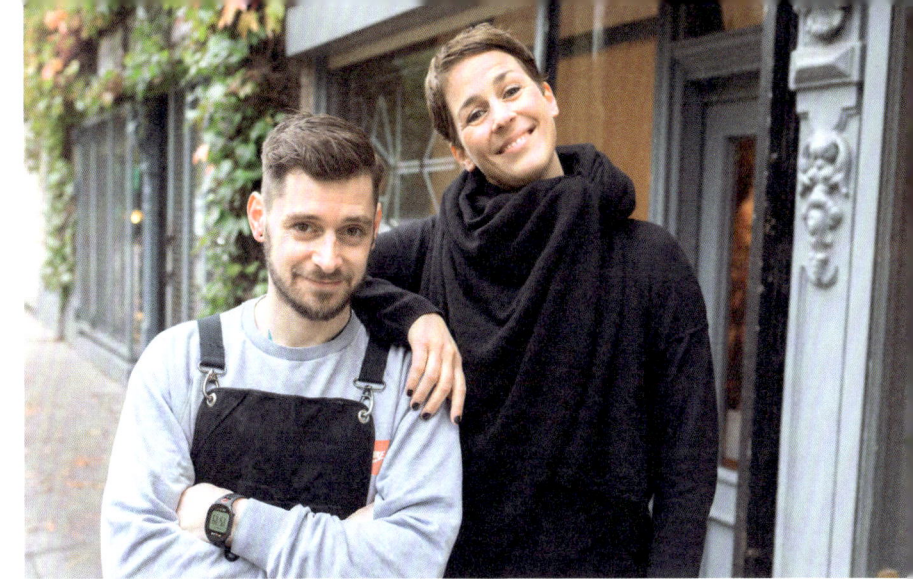

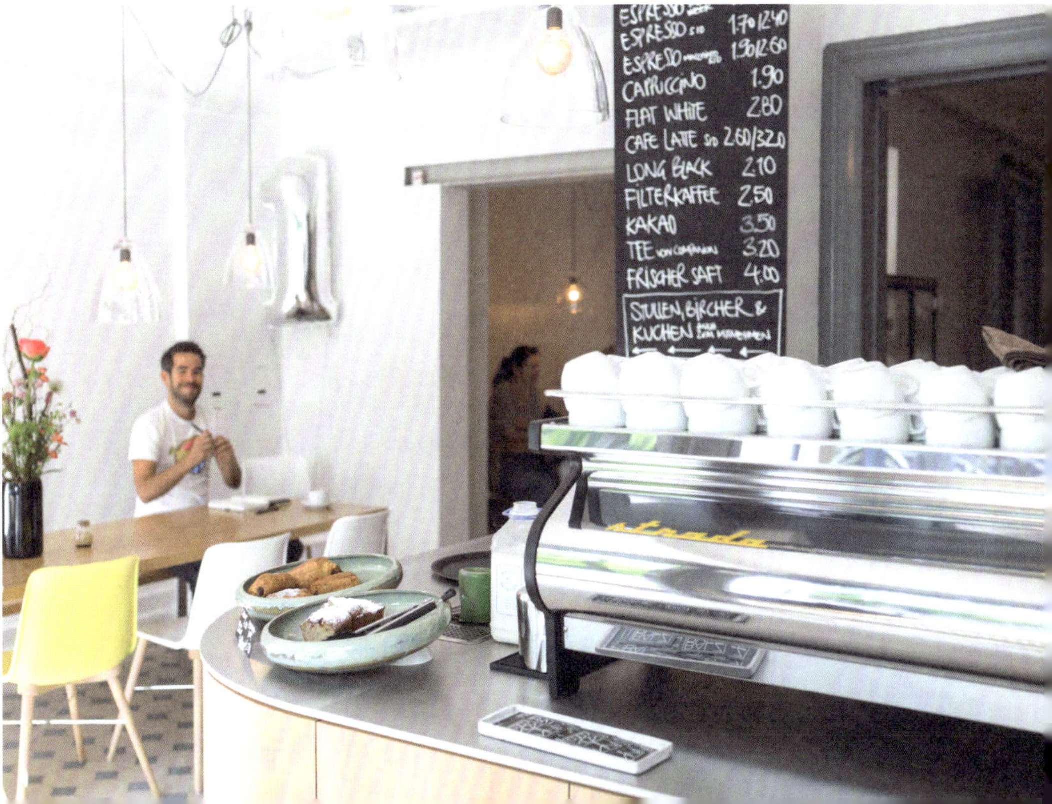
ESPRESSO S/D 1.70/2.40
CAPPUCCINO 1.90
FLAT WHITE 2.80
CAFE LATTE S/D 2.60/3.20
LONG BLACK 2.10
FILTERKAFFEE 2.50
KAKAO 3.50
TEE 3.20
FRISCHER SAFT 4.00
STULLEN, BIRCHER &
KUCHEN
strada

KAFFEE, STULLEN UND BLECHKUCHEN

Mit ihrer unverwechselbaren Schrift schreibt Kathrin jeden Vormittag unter der Woche den täglich wechselnden Mittagstisch auf die Tafel vor dem Laden. Und genauso einzigartig wie die Schrift sind hier auch die hausgemachten Blechkuchen nach Rezepten ihrer Mutter und Großmutter. Am Morgen gibt es auch Frühstück, zum Beispiel in Form von Müsli mit Ahornquark und Obst oder selbst gebackenen Zimtschnecken. Am Wochenende warten auf hungrige Gemüter Waffeln und schöne Teller, die gefüllt sind mit herzhaften Leckereien. Auch Eierspeisen gibt es dann. Den ganzen Tag über werden in dem Café außerdem großzügig belegte Stullen angeboten, zum Beispiel mit Rote Beete, Ziegenfrischkäse und Kresse oder Leberwurst und Zwiebelmarmelade. Die Leberwurst kommt, genauso wie alle anderen Wurstwaren, vom Betrieb der Eltern. Das Bewirten liegt nämlich in der Familie – bereits die Großeltern von Chris und Kathrin führten eine Pension. Am Wochenende wird es übrigens im Balz und Balz schnell voll. Es lohnt sich also, ein wenig Wartezeit mitzubringen oder unter der Woche vorbeizuschauen.

Balz und Balz
Lehmweg 6
20251 Hamburg

LITTLE AMSTERDAM OASE AM KANAL

In Hamburg soll das Wetter angeblich immer schlecht sein. Das stimmt zwar nicht, aber einen Laden zu eröffnen, der nur Außensitzplätze hat, ist trotzdem riskant. Das nordische Klima und die Nähe zur Küste bringen nämlich gerne mal wechselhaftes Wetter mit Nieselregen in die Stadt. Bruno Kilzer ist das Wagnis trotzdem eingegangen – und sein Little Amsterdam an der Brücke über dem Isebekkanal kommt vielleicht gerade deshalb so gut an. An den Holztischen werden hier unter anderem vegane Wraps, Salate und saisonal wechselnde Suppen aufgetischt. Wärmestrahler und ein geschickt gespanntes Sonnensegel schützen die Gäste des Little Amsterdams auch an nasskalten Tagen. Denn: Regen trotzende Hundebesitzer und andere Hartgesottene schauen selbst bei schlechtem Wetter gerne vorbei. Schutz vor Wind bieten ihnen ebenfalls alte Fensterrahmen, die man in eine Hecke gebaut hat. Besonders schön ist es unter den Lichterketten der Terrasse aber natürlich an lauen Sommerabenden.

(24) 🍴

Little Amsterdam
Klosterallee 69
20144 Hamburg

EIS & INNIG KÜHLE PAUSE

Bei Eis & Innig setzt man auf natürliche Zutaten. Zur Auswahl in der Glasvitrine stehen hier neben Klassikern und veganen Sorbets außergewöhnliche Kreationen wie ein Quark-Sesam-Karamelleis. Für die hauseigene Produktion werden in dem Eisladen vor allem frisches Obst und Milch aus der Region genutzt. Außerdem kommen Kräuter vom Isemarkt zum Einsatz, denn dieser beliebte Markt findet zweimal die Woche ganz in der Nähe statt.

Eis & Innig
Klosterallee 102
20144 Hamburg

WINTERHUDE

BESEHEN

PUBLIC COFFEE ROASTERS 3.WELLE

In einer ehemaligen Metallgießerei am Goldbekplatz befindet sich ein Café der Public Coffee Roasters. Hier wird die „Third Wave"-Bewegung zelebriert: Als erste Welle galt die Einführung von industriell abgepacktem Filterkaffee für die breite Masse. In der zweiten Phase wurden Cafés zum beliebten Treffpunkt und die Zubereitungsart Espresso zum Trend. Diese Welle gipfelte in Kapselkaffee und Getränken, bei denen man Kaffee durch Sirupe kaum noch schmeckte. In der dritten Welle hingegen wird der Kaffee selbst wieder als Genussmittel verstanden. Dabei stehen die Herkunft, professionelle Verarbeitung und viel Transparenz im Vordergrund. Die hauseigenen Kaffees der Public Coffee Roasters werden auf einem Hausboot auf der Norderelbe geröstet. Besonders an dem Laden in Winterhude ist, neben den großen Fenstern und dem gemütlichen Industriecharme, dass man dort nur bargeldlos bezahlen kann.

(26)

Public Coffee Roasters
Goldbekplatz 1
22303 Hamburg

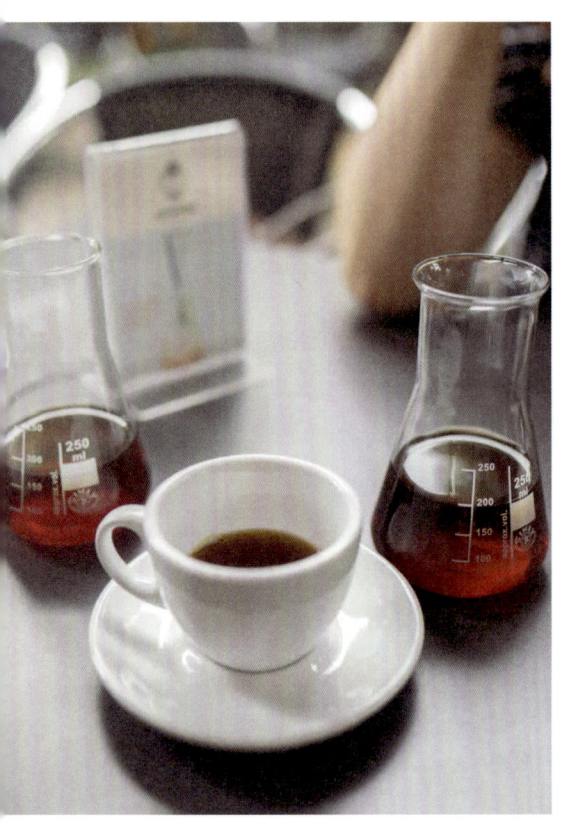

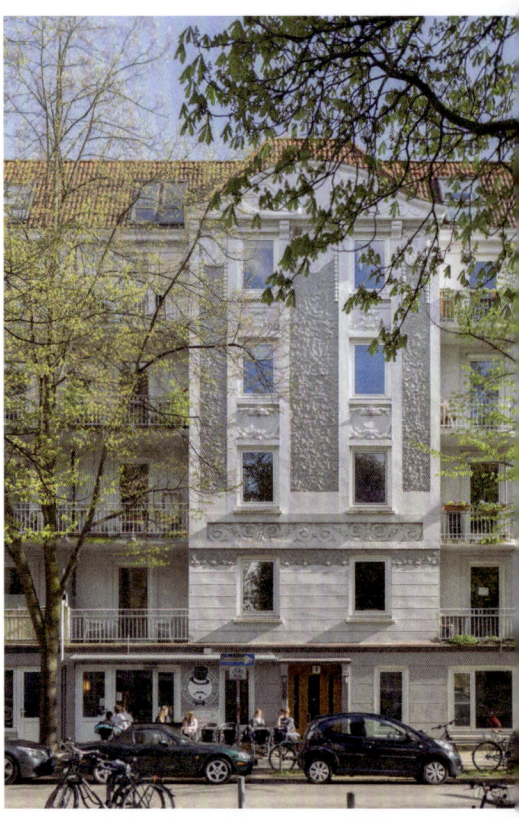

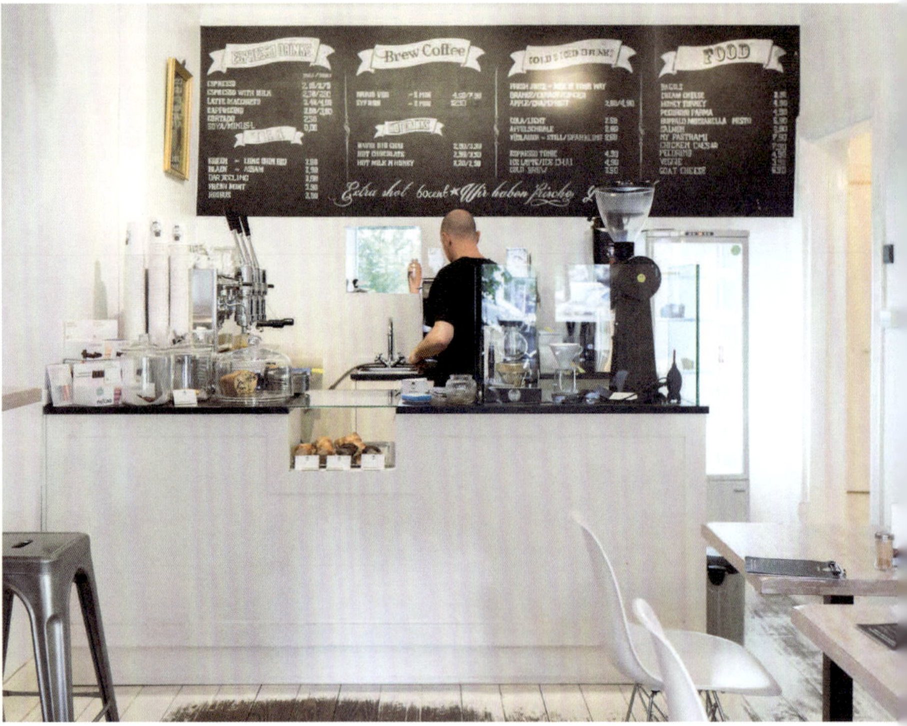
Brew Coffee
FOOD
COLA/LIGHT
NY PASTRAMI
CHICKEN CAESAR
GOAT CHEESE

STOCKHOLM ESPRESSO CLUB HELLER, FRUCHTIGER KAFFEE AUS SCHWEDEN

Der Stockholm Espresso Club wurde 2013 in einer ruhigen Seitenstraße des Winterhuder Mühlenkamps eröffnet. Gründer des Cafés mit hellen Möbeln und kunstvoll gestalteter Kreidetafel sind der Schwede David Vahabi und der Hamburger Benjamin Link. Angenehm unaufgeregt und akkurat wird in ihrem Laden der Kaffee zubereitet. Die Röstungen dafür kommen von der renommierten Rösterei Koppi aus Schweden. Sie ist international bekannt für ihre fruchtigen Kaffees. Durch einen schonenden Röstungsprozess sind diese reicher an Aromen als oftmals gewohnt.

Stockholm Espresso Club
Peter-Marquard-Straße 8
22303 Hamburg

(27)

UNTERKOMMEN

Die hippe **Superbude** auf St. Pauli ist eine Mischung aus Hotel und Hostel. Das kleine Apartmenthotel **August the Boardinghouse** im Stadtteil Sternschanze fokussiert sich auf Design. Und mit ein bisschen mehr Budget zur Verfügung, kann man sogar in der **Elbphilharmonie** nächtigen.

SONNTAGS- SPAZIERGANG

Ob einmal um die **Außenalster** oder kilometerweit an der **Elbe** entlang: Hamburgs Ufer bieten tolle Möglichkeiten für lange Spaziergänge. Für eine Auszeit im Grünen sind außerdem **Planten un Blomen** (S. 46), der **Stadtpark** und der **Jenischpark** beliebt.

FAKTEN

Hamburger Spezialität: Das zimtig-süße Gebäck Franzbrötchen sollte man sich bei einem Besuch in Hamburg nicht entgehen lassen. //
Brücken: Die hanseatische Metropole hat um die 2500 Brücken und ist damit brückenreicher als Venedig und Amsterdam zusammen. //

RUMKOMMEN

Besonders schön ist in Hamburg die Fahrt mit der teilweise überirdisch fahrenden **U3** entlang des Hafens. Generell kann man in der Metropole viele Orte gut mit öffentlichen Verkehrsmitteln erreichen und das dazugehörige Fährsystem lädt auch zu Ausflügen auf der Elbe ein. Besonders die **Linie 62** ist beliebt, denn von den Landungsbrücken aus fährt sie am Fischmarkt und an Altona vorbei und hält sogar am Elbstrand in Övelgönne. Wer gerne auf dem Fahrrad sitzt, sollte das Angebot der günstigen roten Stadträder nutzen.

SPRACHSCHATZ

Ob morgens beim Bäcker oder abends in der Kneipe: Die Begrüßung **Moin** kommt in Hamburg während jeder Tageszeit zum Einsatz. Generell hat der **Hamburger Schnack** einige Einflüsse aus dem Plattdeutschen.

AUSBLICK

HALLO KOPENHAGEN

27 TIPPS FÜR CAFÉS, KULTUR UND MEHR

Das kleinste Hotel der Welt und die Geschichte von vier Freunden, die sich mit ausgezeichnetem Kaffee einen großen Namen in Kopenhagen gemacht haben – das sind nur zwei Kostproben aus dem zweiten Buch von der Reisejournalistin Harriet Dohmeyer. Perfekt für alle, die nicht nur mit dem Touristenstrom schwimmen möchten, sondern lieber ihre eigenen Bahnen ziehen.

INSTAGRAM UND BLOG

Noch mehr von Harriet Dohmeyer gibt es unter @fraeulein_anker und auf fraeuleinanker.de.

DIE HALLO-REISEBÜCHER: AB SOFORT ERHÄLTLICH AUF FRAEULEINANKER.DE UND IN AUSGEWÄHLTEN LÄDEN 🛍 ♡

IMPRESSUM

DANKSAGUNG

Danke allen Lesern, mutigen Gründern und Unterstützern, die mich durch ihr Dasein zu diesem Buch inspiriert und ermutigt haben.

Ein besonderer Dank geht an Violetta Sanitz. Sie hat um meine Sprache einen wunderschönen Rahmen gestaltet und mich durch unseren kreativen Austausch mit unfassbar vielen Momenten voll Glück bereichert!

Dank für Unterstützung und Halt geht außerdem an:

Alisa Siegmund | Eva-Maria Kowalczyk
Franziska Mate | Hanna Dohmeyer
Hendrik Dohmeyer | Henriette Hoffmann
Johanna Felde | Johanna Röhr
Jonas Langmaack | Lesley Ann-Jahn
Maximilian Gercke | Niklas Rieckmann

© 2018 Ankerwechsel Verlag
Harriet Dohmeyer
1. Auflage 2018

Fotografie und Text | Harriet Dohmeyer
Grafik und Design | Violetta Sanitz
Kartenillustration | Saskia Rasink
Autorenportrait | Malte Dibbern
Lektorat und Korrektorat | Johanna
Röhr, Ralf Sonnenberg

Kontakt
Ankerwechsel Verlag Harriet Dohmeyer
Hegestraße 17, 20251 Hamburg
ankerwechsel.de
hallo@ankerwechsel.de

Druck und Bindung optimal media
GmbH, Glienholzweg 7, 17207
Röbel/Müritz

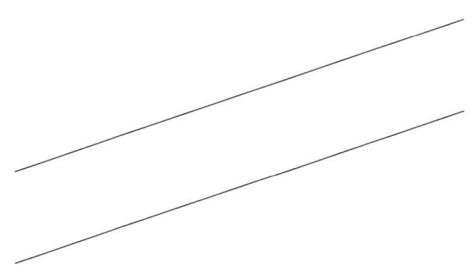

Printed in Germany
ISBN 978-3-947596-00-3